RÈGLEMENT

DE LA COMPAGNIE

DES NOTAIRES

DE L'ARRONDISSEMENT DE COMPIÈGNE

ADOPTÉ EN ASSEMBLÉES GÉNÉRALES DES 7 MAI 1890, 5 MAI 1897,

7 MAI 1902 ET 9 NOVEMBRE 1921.

Approuvé par Monsieur le Garde des Sceaux, Ministre de la Justice,

par Arrêtés des 16 Juin 1897,

28 Juillet 1904 et 13 Janvier 1922.

COMPIÈGNE

IMPRIMERIE DU « PROGRÈS DE L'OISE »

17, Rue Pierre-Sauvage, 17

—

1922

RÈGLEMENT

DE LA COMPAGNIE

DES NOTAIRES

DE L'ARRONDISSEMENT DE COMPIÈGNE

ADOPTÉ EN ASSEMBLÉES GÉNÉRALES DES 7 MAI 1890, 5 MAI 1897,
7 MAI 1902 ET 9 NOVEMBRE 1921.
Approuvé par Monsieur le Garde des Sceaux, Ministre de la Justice,
par Arrêtés des 16 Juin 1897,
28 Juillet 1904 et 13 Janvier 1922.

CHAPITRE PREMIER

Devoirs généraux des Notaires

§ 1er

*Obligations résultant de la nature et de la dignité des
fonctions notariales. — Devoirs des Notaires envers
leurs Collègues.*

ARTICLE PREMIER

Les Notaires ne doivent prendre d'autre titre que celui
de Notaire.

ARTICLE DEUX

Des panonceaux aux armes de France, au nombre de
deux au moins et de quatre au plus, seront placés à l'extérieur des Etudes.

Tout autre signe est prohibé.

ARTICLE TROIS

Les Notaires ne peuvent, pour l'exercice de leurs fonctions, se transporter hors de leur résidence à des époques périodiques, ni établir un Cabinet différent de celui qui forme le siège de leur Etude.

ARTICLE QUATRE

Il est interdit aux Notaires de recevoir dans les auberges ou cafés, aucun acte, même les adjudications.

Sont exceptés de cette prohibition les actes autres que les adjudications publiques, dans lesquels des personnes habitant une auberge ou un café, figureraient comme parties.

En outre, en matière d'adjudication, il pourra être procédé dans une auberge ou un café à défaut d'autre local suffisant. Dans ce cas, le Notaire en rendra compte au Syndic, qui soumettra les motifs déduits à l'appréciation de la Chambre dans la plus prochaine séance.

ARTICLE CINQ

Les Notaires ne peuvent s'associer entre eux ni avec des tiers pour l'exercice de leurs fonctions.

ARTICLE SIX

Toute discussion relative à la garde des minutes ou droit de concours et au partage des honoraires, leur est interdite en présence des parties.

ARTICLE SEPT

Les Notaires ne peuvent apposer leur signature que sur les actes écrits par eux, par un de leurs Confrères de l'Arrondissement, encore en exercice, ou par les Clercs des uns ou des autres.

ARTICLE HUIT

L'abus des annonces peut être réprimé par la Chambre.

Aucune annonce de capitaux à placer, si ce n'est à rente viagère, ne peut être faite publiquement.

ARTICLE NEUF

Les Notaires en exercice ainsi que leurs Clercs ne peuvent paraître comme défenseurs officieux dans les Justices de Paix.

ARTICLE DIX

Toutes remises d'honoraires faites par des Notaires à des Officiers ministériels, à des Agents d'affaires ou à toutes autres personnes, même parties contractantes, sont prohibées comme contraire à la dignité du Notariat.

ARTICLE ONZE

Le Notaire qui exige au-delà de ce qui lui est dû, ou qui consent à recevoir moins qu'il ne lui appartient, manque également à la probité et à la délicatesse.

Il est interdit aux Notaires de consentir à aucune transaction en cette matière.

Aucun acte ne doit être présenté à la taxe, avant d'avoir été soumis à l'avis qu'il est dans les attributions de la Chambre de donner, d'après le paragraphe 4 de l'article 2 de l'Ordonnance du 4 Janvier 1843. En cas d'urgence, cet avis pourra être donné par un des Membres de la Chambre, lequel en rendra compte dans la plus prochaine séance.

ARTICLE DOUZE

Les Notaires ne doivent détourner, par quelque moyen que ce soit, les clients de leurs Confrères.

Toutes démarches tendant à introduire un Notaire dans une affaire est interdite.

Il est en outre formellement défendu aux Notaires de se soumettre à des conditions qui tendraient à interdire l'ordre ci-après établi pour l'attribution des minutes, ou qui empêcheraient le concours du second Notaire.

ARTICLE TREIZE

Les Notaires doivent s'abstenir de prendre pour Clerc le principal Clerc d'un confrère du même canton ou de la même ville, sans l'assentiment du Notaire qu'il quitte, ou de la Chambre de Discipline en cas de décès du patron.

ARTICLE QUATORZE

Les Notaires ne peuvent admettre pour travailler dans leurs Etudes, un ancien Notaire ayant exercé dans un rayon de deux myriamètres de leur résidence, ni un titulaire de fonctions incompatibles avec le Notariat, ni une personne employée par ce titulaire ou exerçant la profession d'arpenteur, d'agent d'affaires ou d'agent d'assurances.

Ils ne peuvent permettre à leurs Clercs de travailler même accidentellement au bureau de l'Enregistrement de leur canton ou à la conservation des hypothèques, ni de s'occuper de recouvrements ou d'opérations de banque, ni d'exercer aucun emploi pour les Caisses d'épargne.

De plus, les Notaires ne peuvent employer aucune personne remplissant les fonctions de maire, adjoint, secrétaire de Mairie, suppléant et commis-greffier de Justice de paix.

Néanmoins, un Notaire peut conserver dans son Etude son prédécesseur, à titre d'auxiliaire, pendant une année au plus.

ARTICLE QUINZE

Les Notaires doivent recevoir gratuitement les actes dans lesquels leurs Confrères sont intéressés ou dont ceux-ci ne peuvent retenir les minutes à cause de leur parenté ou de leur alliance avec les parties.

Lorsqu'ils sont commis par suite d'une vacance, ils doivent remettre les honoraires des actes qu'ils reçoivent à ce titre, aux veuve, héritiers ou représentants du titulaire dont l'office est vacant.

ARTICLE SEIZE

Lorsqu'un Notaire est absent, malade ou momentanément empêché, il est remplacé officieusement par l'un de ses Confrères qui n'agit que comme le substituant.

---

§ 2

Devoirs des Notaires à l'égard des Tiers

ARTICLE DIX-SEPT

Le Notaire appelé en témoignage doit garder un secret inviolable sur tout ce qui lui a été confié à raison de ses fonctions.

ARTICLE DIX-HUIT

Il est interdit aux Notaires de se rendre intermédiaires des parties pour les prêts sur simple reconnaissance, billet ou autre écrit qui ne serait point passé dans la forme authentique.

Il leur est aussi formellement interdit de faire avec leurs deniers personnels aucun prêt sur billets à leurs clients.

Les Notaires doivent presser le recouvrement des frais de leurs actes et en exiger au moins les déboursés dans la huitaine, et le surplus dans le cours de l'année au plus tard.

Une copie imprimée du présent article sera affichée dans chaque Etude.

ARTICLE DIX-NEUF

Il est interdit aux Notaires de multiplier les actes en les divisant sans utilité pour les parties.

CHAPITRE DEUXIÈME

Rang d'ancienneté — Conservation de la minute
Droit de Concours — Droit aux Honoraires

§ 1er

Rang d'ancienneté

ARTICLE VINGT

Le rang d'ancienneté est fixé :

Par l'antériôrité de la prestation de serment.

En cas de prestation de serment le même jour, par l'antériorité de la nomination.

S'il y a parité de date dans l'événement des deux circonstances ci-dessus, le rang d'ancienneté est dévolu au Notaire le plus âgé.

ARTICLE VINGT-ET-UN

Le rang d'ancienneté d'un Notaire démissionnaire qui traite d'une autre Etude, ne date que de la dernière prestation de serment ou de la dernière nomination.

ARTICLE VINGT-DEUX

Chaque année, au mois de mai, il est dressé un tableau des Notaires en exercice, par rang d'ancienneté, avec les nom, prénoms et résidence de chacun d'eux, et les noms de leurs deux derniers prédécesseurs.

Après les Notaires en exercice sont indiqués les Notaires honoraires, les Officiers et les Membres de la Chambre, et les Avoué et Huissier de la Compagnie.

Un exemplaire de ce tableau est apposé dans la salle des séances de la Chambre et des Assemblées générales.

Un exemplaire de ce même tableau est adressé :
1º A M. le Président du Tribunal civil ;
2º A M. le Procureur de la République ;
3º A M. le Président du Tribunal de Commerce ;
4º A M. le Président de la Chambre des Avoués ;
5º A M. le Syndic de la Compagnie des Huissiers.

§ 2

Conservation de la Minute

ARTICLE VINGT-TROIS

Le droit de conserver la minute appartient au Notaire de la partie qui a le plus grand intérêt à la conservation de l'acte.

A égalité d'intérêt, ce droit appartient au Notaire le plus ancien.

Dans les successions, l'intérêt s'apprécie par l'importance nominale des droits des parties.

ARTICLE VINGT-QUATRE

Par application des principes posés en l'article précédent, les minutes des actes ci-après appartiennent, savoir :

DÉNOMINATION DES ACTES	INDICATION DES NOTAIRES auxquels les minutes appartiennent
1. ABANDONNEMENT ou cession volontaire par un débiteur à ses créanciers	du cédant.
2. ATERMOIEMENT.	du débiteur.
3. AFFECTATION HYPOTHÉCAIRE.	du créancier.
4. ANTICHRÈSE	du créancier.
5. BAIL à ferme, à loyer, à vie et emphytéotique	du bailleur.

DÉNOMINATION DES ACTES	INDICATION DES NOTAIRES auxquels les minutes appartiennent
6. CAUTIONNEMENT.	du créancier.
7. CESSION de bail { avec le concours du bailleur.	du bailleur.
{ sans ce concours.. ...	du cédant.
8. COMPTE de tutelle et autres	du rendant compte.
9. CONCORDAT.,.	du failli.
10. CONSTITUTION de rente perpétuelle **et viagère**	du créancier.
11. CONTRAT de mariage...............	de la future épouse.
12. DÉLÉGATION.. .... :	du cessionnaire.
13. DEVIS et marchés	de celui qui fait l'entreprise.
14. DISTRIBUTION amiable par contribution..	du débiteur.
15. ÉCHANGE avec soulte.... . .. . : ..	de l'échangiste qui paie la soulte (le paiement de la totalité des frais ne constitue pas une soulte).
16. INVENTAIRE après absence	*Dans l'ordre suivant :* 1° du conjoint présent, commun en biens ou marié sous le régime dotal avec société d'acquêts ; 2° des envoyés en possession.
— après décès	*Dans l'ordre suivant :* 1° de l'époux survivant, commun en biens ou marié sous le régime dotal avec société d'acquêts ; 2° des héritiers réservataires; 3° du légataire universel ; 4° des héritiers non réservataires ; 5° des légataires à titre universel ;

DÉNOMINATION DES ACTES	INDICATION DES NOTAIRES auxquels les minutes appartiennent
INVENTAIRE après décès *(suite)*	6° de l'exécuteur testamentaire ayant ou non la saisine ; 7° de l'enfant naturel reconnu ; 8° de l'époux successeur ; 9° de l'Etat ; 10° des légataires particuliers ; 11° des créanciers. Si la veuve n'a d'intérêt que comme légataire ou créancière, son notaire est assimilé à celui de tous autres légataires ou créanciers.
Après interdiction	*Dans l'ordre suivant :* 1° du conjoint, s'il est commun en biens ou marié sous le régime dotal avec société d'acquêts ; 2° du tuteur.
A cause de séparation de biens .	de la femme.
A cause de séparation de corps..	de l'époux qui a obtenu la séparation ; et avant le jugement qui la prononce, de l'époux demandeur.
D'une succession échue à une femme séparée de biens	de la femme à l'exclusion de celui du mari.
17. LICITATION par suite d'ouverture de succession et les opérations qui s'y rattachent	au Notaire possesseur déjà de la minute de l'inventaire ; à défaut d'inventaire, suivant l'ordre fixé pour l'inventaire après décès.

DÉNOMINATION DES ACTES	INDICATION DES NOTAIRES auxquels les minutes appartiennent
18. Liquidation de communauté ou de succession et les opérations qui s'y rattachent	comme pour la licitation, n° 17
19. Main levée { d'inscription / d'opposition / de saisie ... } { définitive . / partielle . }	du débiteur. / du créancier.
20. Nantissement (contrat de)........ .	du créancier.
21. Obligation portant créance en pleine propriété	du créancier.
Portant créance en nue-propriété au profit d'une personne et en usufruit au profit d'une autre...	du créancier nû-propriétaire.
22. Ordre amiable	du débiteur.
23. Ouverture de crédit.	du créancier.
24. Partage de communauté et succession et opérations se rattachant aux communauté et succession....	comme les liquidation et licitation, n°ˢ 17 et 18.
25. Procès-verbaux de comparution et autres	du requérant.
26. Quittance pure et simple	du débiteur.
Par suite d'ordre judiciaire. . ..	de l'acquéreur qui se libère.
Avec subrogation	du nouveau créancier.
27. Ratification.	de la partie dans l'intérêt de laquelle elle a lieu.
28. Réméré (Exercice du droit de)	de la partie qui l'exerce.
29. Remplacement militaire	du remplaçant.
30. Résiliation.	de la partie à laquelle la chose retourne.
31. Retrait successoral..........	de l'héritier.
32. Titre nouvel	du créancier.
33. Transport	du cessionnaire.
34. Vente en toute propriété.....	de l'acquéreur.
En nue-propriété à l'un, en usufruit à l'autre	de l'acquéreur nu-propriétaire.

DÉNOMINATION DES ACTES	INDICATION DES NOTAIRES auxquels les minutes appartiennent

Vente amiable après publicité dans l'année de la première insertion ou de la première apposition d'affiches . . . .
   Cette insertion devra être faite au moins dans l'un des journaux de l'arrondissement et devra contenir une désignation suffisamment précise de l'objet de la vente.
   L'apposition des affiches devra être constatée par un numéro du registre de taxe ouvert à la date de l'envoi ou de la remise des affiches.
   Ne seront pas admis comme justifications suffisantes :
   1º L'apposition exclusive d'une affiche dans l'Etude.
   2º Les écriteaux permanents ni les inscriptions murales.
   Le Notaire du vendeur devra être autorisé par écrit à faire des insertions ou de la publicité.
	du vendeur.

A réméré.	de l'acquéreur.

ARTICLE VINGT-CINQ

Le droit de conservation de la minute est définitivement fixé :

Dans les inventaires lorsque l'intitulé de la première vacation est signé.

Dans les licitations, comptes, liquidations, partages amiables de communauté ou de succession et autres opérations entre co-héritiers, co-donataires ou co-légataires, par l'apposition des affiches, par le procès-verbal d'ouverture des opérations ou à son défaut par la rédaction des projets de comptes, liquidations et partages.

ARTICLE VINGT-SIX

Si les opérations dont il vient d'être question à la fin de l'article qui précède sont ordonnées par justice, le renvoi à faire par le Tribunal est demandé en faveur du Notaire auquel appartient la minute d'après les règles d'attribution qui viennent d'être établies.

ARTICLE VINGT-SEPT

Par exception au principe posé en l'article 25, la minute de la donation entre-vifs et celle de l'acceptation appartiennent au Notaire du donateur.

Et dans les inventaires après décès, dans les licitations, comptes, liquidations, partages et autres opérations de communauté ou de succession, lorsqu'il y a égalité de droits entre les parties, celui des Notaires appelés, qui est en outre en possession notoire de la clientèle du défunt, est préféré pour la conservation de la minute.

§ 3

Droit de Concours

ARTICLE VINGT - HUIT

Les Notaires doivent accueillir l'intervention de leurs Confrères dans tous les actes où les clients de ceux-ci figurant comme parties contractantes, les appelleront.

ARTICLE VINGT-NEUF

Il ne peut y avoir plus de deux Notaires en nom coopérant au même acte.

Lorsqu'il s'en présente un plus grand nombre, et que le Notaire auquel la minute appartient est connu par l'application des règles du paragraphe précédent, le droit de concours appartient au plus ancien des Notaires dont les clients ont un intérêt opposé, sauf les exceptions qui suivent.

ARTICLE TRENTE

Lorsqu'en outre du Notaire auquel appartient la conservation de la minute, il est appelé plusieurs Notaires pour procéder à l'inventaire d'une communauté ou d'une succession, la préférence pour le droit de concours appartient dans l'ordre suivant :

1° Au Notaire des ayants droit à la succession qui réunit la plus grande somme de portions viriles ;

2° Au plus ancien des Notaires appelés par les héritiers à réserve ;

3° Au plus ancien des Notaires des légataires universels ;

4° Au plus ancien des Notaires des héritiers non réservataires ;

5° Au plus ancien des Notaires des légataires à titre universel ;

6° Au Notaire de l'exécuteur testamentaire ayant la saisine ou non ;

7° Au plus ancien des Notaires appelés par les enfants naturels reconnus ;

8° Au Notaire de l'époux survivant ;

9° Au Notaire de l'Etat.

Quand la somme des portions viriles des ayants droit à une succession est égale, la préférence pour le droit de concours appartient à celui des Notaires appelés qui était en outre en possession notoire de la clientèle du défunt, si déjà il n'a point droit à la conservation de la minute, d'après les principes du paragraphe deux ci-dessus.

ARTICLE TRENTE-ET-UN

Le droit de concours aux licitations, comptes, liquidations, partages amiables de communauté ou de succession et autres actes entre co-héritiers, co-donataires ou co-légataires, est réglé dans le même ordre que pour les inventaires.

ARTICLE TRENTE-DEUX

Le droit de concours est définitivement fixé :

Dans les inventaires, lorsque l'intitulé de la première vacation est signé.

Si la première vacation a été faite par un seul Notaire et qu'un second Notaire survienne aux vacations suivantes, ce dernier a le droit d'y concourir.

Dans les actes énumérés sous l'article trente-et-unième, le droit de concours existe jusqu'au moment de la signature.

Si ces actes sont ordonnés par justice, le Notaire qui aurait eu le droit d'y concourir peut, s'il est appelé avant le jugement portant commission, être présent à ces actes avec les autres droits résultant du concours.

Mais s'il n'intervient qu'après le jugement, il ne peut réclamer le droit d'être présent à titre de concours.

ARTICLE TRENTE-TROIS

Le Notaire choisi par l'exécuteur testamentaire ne peut exercer le droit de concours qu'à l'égard des actes pour la validité desquels la présence de l'exécuteur testamentaire est légalement nécessaire.

En aucun cas, le droit de concours ne pourra être exercé :

Dans les adjudications par le Notaire d'un adjudicataire ;

Dans les cessions de bail, le bailleur présent, par le Notaire du preneur ;

Dans les quittances subrogatives et transports avec acceptation, par le Notaire du débiteur ;

Dans les inventaires, licitations, comptes, liquidations,

partages de communauté ou de succession et autres opérations qui s'y rattachent :

1° Par le Notaire du subrogé-tuteur des mineurs ;

2° Par le Notaire des héritiers non réservataires qui sont dessaisis par l'effet des donations, testaments authentiques ou testaments olographes ou mystiques, suivis ou non d'envoi en possession ;

3° Par le Notaire des donataires et légataires à titre particulier ;

4° Par le Notaire des créanciers.

ARTICLE TRENTE-QUATRE

Lorsque deux Notaires opèrent ensemble, les conférences ont lieu dans l'Etude du Notaire qui doit conserver la minute.

S'il ne peuvent instrumenter tous deux dans ce lieu, le Notaire admis au concours reste présent comme conseil avec tous les autres droits du Notaire en concours.

§ 4

Droit aux Honoraires

ARTICLE TRENTE-CINQ

Les honoraires des actes auxquels deux Notaires ont concouru se partagent également entre eux, sauf les exceptions ci-après :

1° Dans les inventaires, procès-verbaux et autres actes qui se paient par vacations, ces vacations sont perçues par chaque Notaire, suivant le tarif ;

2° Dans les comptes, liquidations, licitations et partages amiables ou judiciaires de communauté ou de succession, les trois-quarts des honoraires appartiennent au Notaire dépositaire de la minute ;

3° Dans les ventes amiables faites à la suite d'affiches ou

d'insertions aux journaux annonçant une adjudication et avant cette adjudication, aussi bien que dans les six mois qui suivent le jour indiqué pour la réception des enchères, les honoraires appartiendront en entier au Notaire du vendeur ;

4° Les honoraires des quittances de prix d'immeubles distribués par voie d'ordre amiable, entre les divers créanciers du vendeur, appartiennent au Notaire de l'acquéreur et à celui du vendeur, sans que les Notaires des créanciers puissent être admis au partage alors même que l'acquéreur ou le vendeur s'abstient d'appeler son Notaire ;

5° Les honoraires d'une distribution par contribution sont dévolus exclusivement au Notaire du débiteur ;

6° Les honoraires d'une quittance par suite de règlement amiable devant le Juge ou d'ordre judiciaire, ou de jugement d'attribution, appartiennent sans partage au Notaire de l'acquéreur ;

7° Le Notaire commis pour représenter les absents et non présents n'aura droit qu'à des vacations.

ARTICLE TRENTE-SIX

Les droits de grosses, expéditions et extraits des actes de toute nature, appartiennent au Notaire détenteur de la minute.

Il en est de même pour les certificats de propriété délivrés par un seul Notaire.

ARTICLE TRENTE-SEPT

Les Notaires ne peuvent délivrer d'expéditions ni d'extraits isolés de pièces annexées à leurs actes dans les termes de l'article 13 de la loi du 25 Ventôse an XI ou des pièces déposées volontairement à leur Etude, lorsqu'il en existe minute dans l'Etude d'un Notaire du même canton.

Ils peuvent seulement délivrer extraits ou expéditions des annexes à la suite des grosses, expéditions ou extraits des actes qui ont été passés devant eux, en conséquence de ces mêmes annexes.

Ils ne peuvent non plus délivrer de copies collationnées de pièces dont les minutes existent dans une Etude du même canton.

Il est fait à ces dispositions les exceptions nécessaires pour la régularité des certificats de propriété, mais la délivrance de ces certificats demeure réservée entre les Notaires de l'arrondissement au Notaire possesseur de l'acte sur lequel les droits des nouveaux propriétaires sont principalement fondés.

CHAPITRE TROISIÈME

Tenue des Séances — Assemblées générales
Chambre de discipline — Bourse commune

§ 1er

Dispositions générales sur la Tenue des Séances,
des Assemblées générales et de la Chambre

ARTICLE TRENTE-HUIT

La police des Séances, des Assemblées générales et de la Chambre appartient au Président qui accorde la parole et maintient l'ordre dans les discussions.

ARTICLE TRENTE-NEUF

A l'ouverture de chaque Séance, le Secrétaire fait l'appel nominal, puis le réappel des absents et il donne lecture du procès-verbal de la Séance précédente.

S'il s'élève des réclamations sur ce procès-verbal, l'Assemblée générale ou la Chambre, selon qu'il s'agit de l'une ou de l'autre, après en avoir délibéré, maintient ou modifie la rédaction et il en est fait mention au procès-verbal du jour.

On passe ensuite à l'examen et à la discussion des affaires qui ont motivé la convocation.

ARTICLE QUARANTE

Pendant les Séances, nul ne peut prendre la parole qu'après l'avoir obtenue du Président.

La parole ne peut être demandée une seconde fois sur le même objet qu'autant qu'elle n'est point réclamée par les Notaires qui n'ont point encore été entendus sur la question.

ARTICLE QUARANTE-ET-UN

Les demandes, propositions, amendements et sous-amendements doivent être déposés par écrit sur le bureau et ne peuvent être mis en délibération que s'ils sont appuyés par deux Membres au moins.

De plus, toute proposition tendant à modifier le Règlement ne pourra être faite, discutée ni adoptée, si elle n'a été adressée à la Chambre et communiquée par elle, avec avis motivé, à chacun des Membres, quinze jours au moins avant l'Assemblée générale.

ARTICLE QUARANTE-DEUX

Lorsqu'une discussion paraît épuisée, la clôture peut en être demandée ; si la clôture n'est pas appuyée par deux Membres au moins, la discussion continue ; dans le cas contraire, le Président consulte l'Assemblée qui décide si la discussion doit être continuée ou fermée.

ARTICLE QUARANTE-TROIS

Le Notaire qui, dans le cours d'une discussion, s'écarte de la question ou de l'ordre, y est rappelé par le Président ; si, après y avoir été une seconde fois rappelé, il s'en écarte encore, l'Assemblée décide si la parole doit lui être interdite pendant le reste de la séance ou seulement jusqu'à la fin de la discussion, et s'il doit être fait mention au procès-verbal des causes qui ont donné lieu à cette mesure.

ARTICLE QUARANTE-QUATRE

Tout Membre qui, dans une Assemblée générale, refusera de se soumettre à l'autorité du Président, sera, aux poursuite et diligence du Syndic, mandé devant la Chambre de discipline.

ARTICLE QUARANTE-CINQ

Il est distribué à chacun des Notaires qui ont assisté à une Assemblée générale ou à une Réunion de la Chambre, un jeton d'argent frappé au coin de la Compagnie.

Dans les Assemblées générales, le Président reçoit deux jetons.

Tout Membre qui n'aura pas assisté à la Séance entière ou qui n'aura pas répondu au réappel sera privé du jeton de présence.

L'appel est fait exactement à l'heure indiquée par les lettres de convocation et le réappel a lieu quinze minutes après cette heure.

ARTICLE QUARANTE-SIX

Les Notaires ne pourront se dispenser de se rendre soit aux Assemblées générales, soit aux Réunions de la Chambre de discipline, que pour des motifs graves dont ils seront tenus de donner préalablement connaissance au Président.

Ces motifs seront soumis à l'appréciation soit de l'Assemblée générale, soit de la Chambre ; à défaut d'excuses et si les excuses présentées ne sont point admises, le Notaire sera cité devant la Chambre de discipline.

La Chambre, en rejetant les excuses, pourra, si elle constate une atténuation dans les circonstances, ordonner seulement que le Notaire cité sera privé du jeton de présence à la première Réunion de la Chambre ou de l'Assemblée générale.

§ 2

Des Assemblées générales

ARTICLE QUARANTE-SEPT

Il y aura chaque année au moins deux Assemblées générales des Notaires de l'arrondissement, conformément à l'article 22 de l'ordonnance du 4 Janvier 1843. La première Assemblée est fixée au premier mercredi du mois de Mai, la seconde au premier mercredi du mois d'Octobre.

ARTICLE QUARANTE-HUIT

Les Assemblées générales ordinaires et extraordinaires seront convoquées par le Président ou par le Syndic, huit jours avant l'époque de la Réunion, à moins que les circonstances n'exigent plus de célérité.

La lettre de convocation indiquera sommairement les matières à l'ordre du jour.

ARTICLE QUARANTE-NEUF

Les Séances des Assemblées générales sont ouvertes et présidées par le Président de la Chambre ; en cas d'empêchement ou d'absence, le Président est suppléé par le Syndic, et à défaut de ce dernier, par le Rapporteur.

Le Président est assisté de trois Scrutateurs, qui sont les deux plus âgés et le plus jeune des Notaires en exercice, présents au moment de l'appel.

Le Secrétaire de la Chambre remplit cette fonction dans les Assemblées générales ; à défaut du Secrétaire en titre, la fonction est remplie par le plus jeune des Membres de la Chambre.

ARTICLE CINQUANTE

Le Bureau ainsi constitué délibère et statue sur toutes difficultés qui peuvent s'élever sur le dépouillement et le résultat du scrutin, ainsi que sur les notes par assis et levé ; aucune réclamation ne peut être faite contre ces décisions.

ARTICLE CINQUANTE-ET-UN

Dans les Assemblées générales, les décisions se prennent à la majorité absolue des voix.

ARTICLE CINQUANTE-DEUX

Lorsque le procès-verbal de la Séance précédente est lu et adopté, le Président communique à l'Assemblée la correspondance et les autres documents relatifs à la réunion. Il fait le rapport analytique, et en suivant l'ordre chronologique des délibérations de toutes les affaires qui ont occupé la Chambre de discipline, depuis la dernière Assemblée générale ordinaire. Ce rapport est déposé sur le bureau et il en est fait mention au procès-verbal.

Le Trésorier présente ensuite la situation financière de la Compagnie.

Ces rapports entendus, la discussion s'ouvre sur les propositions et matières mises en délibération.

ARTICLE CINQUANTE-TROIS

La nomination des Membres de la Chambre est faite dans l'Assemblée générale ordinaire du mois de Mai, conformément aux articles 25 et suivants de l'Ordonnance du 4 Janvier 1843.

Cette nomination a lieu par bulletins de liste et à la majorité absolue des voix.

Le Président reçoit les bulletins à mesure de l'appel nominal fait par le Secrétaire ; il les dépose dans l'urne, clôt le scrutin, vérifie si le nombre des bulletins est égal à celui des votants, et, en cas d'affirmative, procède à leur dépouillement avec l'assistance des Scrutateurs ; le nombre des votes est constaté par l'un des Scrutateurs et par le Secrétaire.

Le Bureau ordonne la radiation des noms portés sur les bulletins de liste et dépassant le nombre des Membres à élire ; le résultat du scrutin est proclamé par le Président.

ARTICLE CINQUANTE-QUATRE

Il est procédé par scrutin particulier à l'élection de chacun des Membres à nommer en remplacement de ceux qui se retirent avant l'expiration de la période pour laquelle ils avaient été élus.

Cette élection se fait dans l'Assemblée générale la plus rapprochée de la vacance.

Les nouveaux Membres ne restent en fonctions que jusqu'à l'expiration du temps pour lequel les Membres qu'ils remplacent avaient été nommés.

---

§ 3

Constitution et Réunion de la Chambre de discipline

ARTICLE CINQUANTE-CINQ

Les Membres de la Chambre nommés dans l'Assemblée générale du mois de Mai se réunissent immédiatement aux Membres qui restent en fonctions pour constituer la nouvelle Chambre de discipline.

Ils se constituent provisoirement sous la présidence du plus ancien d'entre eux, dans l'ordre du tableau ; le moins âgé remplit les fonctions de Secrétaire.

On procéde ensuite à la nomination des Officiers conformément à l'Ordonnance du 4 Janvier 1843 et au troisième alinéa de l'article 53 ci-dessus.

Le Président proclame le résultat du scrutin et les Officiers entrent immédiatement en fonctions.

La Chambre ainsi constituée reçoit des mains de l'ancien Secrétaire, les titres, pièces, archives et sceaux de la Compagnie et du Trésorier sortant, le compte de sa gestion, les pièces justificatives et le reliquat en argent et en jetons. Elle en saisit immédiatement, chacun en ce qui le concerne, le nouveau Secrétaire et le nouveau Trésorier.

Elle se livre ensuite, s'il y a lieu, aux travaux à l'ordre du jour.

ARTICLE CINQUANTE-SIX

Dans les vingt-quatre heures, avis est donné à Monsieur le Procureur de la République de la composition de la nouvelle Chambre de discipline.

ARTICLE CINQUANTE-SEPT

La Chambre est convoquée par le Président ou le Syndic, lorsqu'ils le jugent convenable. Les réunions ont lieu, autant que possible, le mercredi, et sauf les cas d'urgence, la convocation devra être faite huit jours avant l'époque de la réunion.

ARTICLE CINQUANTE-HUIT

En cas d'absence de l'un ou de plusieurs Officiers de la Chambre, ils seront suppléés conformément à l'article 11 de l'Ordonnance du 4 janvier 1843.

Lorsque, par suite de vacance, il y a lieu de nommer un Officier de la Chambre, il est procédé à cette nomination dans la plus prochaine réunion.

ARTICLE CINQUANTE-NEUF

Dans les quinze jours de l'installation de la Chambre, le Secrétaire fait parvenir à tous les Notaires du ressort :

1º Le tableau dont il est parlé en l'article 24 ci-dessus ;

2º Celui des interdits et des personnes assistées d'un conseil judiciaire dans l'étendue du ressort.

Ces deux tableaux devront être imprimés.

Et il est tenu de leur donner avis des additions à faire au second tableau à mesure qu'elles surviennent.

§ 4

Du mode de procéder en matière de discipline

ARTICLE SOIXANTE

En cas de plainte déférée contre un Notaire, cette plainte est d'abord remise au Président qui en transmet copie au Syndic et au Rapporteur.

La partie plaignante est appelée devant la Chambre pour exposer et développer sa plainte et le Syndic cite le Notaire inculpé à comparaître le même jour devant la Chambre.

ARTICLE SOIXANTE-ET-UN

La Chambre entend successivement le Rapporteur, les témoins s'il en est appelé, la partie plaignante ou le Notaire qui la représente ou qui l'assiste et le Notaire inculpé.

Le Syndic est entendu dans ses conclusions.

Le Président prononce la clôture des débats ; le Notaire inculpé, la partie plaignante et les témoins se retirent.

ARTICLE SOIXANTE-DEUX

Si la prévention est justifiée, la Chambre applique, suivant la gravité du fait, les peines disciplinaires de sa compétence.

La Chambre statue séance tenante, ou s'ajourne s'il est nécessaire de prendre des renseignements.

ARTICLE SOIXANTE-TROIS

La délibération est prise à la majorité des voix ; en cas de partage, la voix du Président est prépondérante. Le Syndic, s'il est partie poursuivante, s'abstient de voter.

ARTICLE SOIXANTE-QUATRE

Les délibérations de la Chambre en matière disciplinaire sont notifiées s'il y a lieu et exécutées à la diligence du Syndic.

ARTICLE SOIXANTE-CINQ

Le Notaire appelé devant la Chambre et qui, sans motifs
légitimes, ne comparaît point en personne ou qui refuse de
se soumettre à ses décisions, est passible de telles peines
que de droit dans les termes de l'article 14 de l'Ordonnance
précitée.

---

§ 5

De la Bourse commune

ARTICLE SOIXANTE-SIX

La bourse commune, destinée à subvenir aux dépenses
de la Compagnie, est formée :

1° Par une cotisation annuelle à la charge de chaque
Notaire et fixée à vingt centimes par acte pour les Notaires
de Compiègne, quinze centimes pour ceux de Noyon, et dix
centimes pour les Notaires de autres localités ; et deux
francs par mille des droits d'enregistrement payés par
chaque Notaire sur les actes par lui reçus pendant l'année ;

2° Par le versement que chaque Notaire nouvellement
nommé sera tenu de faire aussitôt sa prestation de serment
d'une somme de deux cent cinquante francs pour sa parti-
cipation à la jouissance du mobilier de la Compagnie ;

3° Par le produit des dépôts à la Chambre des extraits
de contrats de mariage des commerçants et autres dépôts
ordonnés par la loi ;

4° Et par des appels de fonds qui seront faits extraordi-
nairement et lorsque les circonstances l'exigeront, en vertu
d'une délibération spéciale de l'Assemblée générale.

ARTICLE SOIXANTE-SEPT

Les dépenses ordinaires de la Compagnie consistent :

1º Dans le loyer, le chauffage et l'éclairage des appartements de la Chambre et dans les gages de la personne préposée au service ;

2º Dans l'entretien et le renouvellement du mobilier ;

3º Dans les frais de bureau et d'impression ;

4º Dans l'achat des jetons de présence ;

5º Dans les frais de justice, de conseils et autres, à faire dans tous les cas où la Chambre aurait à faire valoir et à défendre les intérêts communs de la Compagnie et dans ceux auxquels pourra donner lieu l'instruction des affaires soumises à la juridiction de la Chambre ;

6º Enfin dans les secours à accorder à d'anciens Notaires ou à leurs veuves et enfants.

ARTICLE SOIXANTE-HUIT

Le Trésorier est chargé de faire le recouvrement de toutes les sommes et cotisations à verser à la bourse commune.

Il acquitte les dépenses autorisées par l'Assemblée générale sur les mandats délivrés par le Président ou à son défaut par le Syndic.

Il fait frapper les jetons et les distribue les jours d'Assemblée.

Enfin il inscrit en détail et jour par jour toutes les recettes et dépenses sur un registre particulier coté et paraphé par le Président de la Chambre.

CHAPITRE QUATRIÈME

DES ASPIRANTS ET DES NOTAIRES NOUVELLEMENT REÇUS

Stage et discipline des Clercs
Examen des Aspirants
Devoirs à remplir après l'investiture

-----

§ 1er

Du Stage et de la Discipline des Clercs

ARTICLE SOIXANTE-NEUF

Il est interdit aux Notaires de délivrer des certificats aux Clercs qui ne travaillent pas d'une manière continue dans leurs Etudes.

Quand un Clerc inscrit quitte une Etude, le Notaire doit en prévenir le Secrétaire de la Chambre qui en fait mention sur le registre des stages.

ARTICLE SOIXANTE-DIX

Les certificats que les Notaires délivrent pour constater le temps que les Clercs ont passé dans leurs Etudes doivent être visés par le Secrétaire de la Chambre qui attestera que les faits consignés auxdits certificats sont conformes au registre d'inscription.

ARTICLE SOIXANTE-ET-ONZE

Lorsqu'un Notaire décède sans avoir donné de certificats aux Clercs de son Etude, ces certificats peuvent être délivrés par son successeur ; mais, dans ce cas, ils doivent être visés par le Syndic de la Chambre.

ARTICLE SOIXANTE-DOUZE

Tout certificat de stage émanant d'un Notaire étranger au ressort, devra être visé par le Syndic de la Chambre à laquelle appartiendra ce Notaire.

ARTICLE SOIXANTE-TREIZE

Les décisions qui prononceront des peines de discipline contre un Clerc, seront notifiées par le Syndic au Notaire chez lequel ce Clerc travaillera.

Ce Notaire rendra compte à la Chambre des mesures qu'il aura dû prendre par suite de cette notification.

----

§ 2

Examen des Aspirants - Certificats de capacité et de moralité — Informations

ARTICLE SOIXANTE-QUATORZE

L'Aspirant qui se présente pour succéder à un Notaire adresse au Président de la Chambre une demande énonçant ses nom, prénoms, âge, domicile, lieu de naissance, la résidence dans laquelle il se propose d'exercer et le nom du Notaire auquel il doit succéder.

Il joint à sa demande :

1° La démission du Notaire titulaire ou son acte de décès, et, dans ce dernier cas, une pièce constatant l'agrément des héritiers ou des ayants droit ;

2° Une expédition de l'acte de la cession que le titulaire, ses héritiers ou ayants droit ont faite de l'office ;

3° Les certificats établissant le stage, délivrés dans la forme prescrite par l'article 70 ci-dessus ;

4° Et les autres pièces constatant les conditions énumérées en l'article 35 de la loi du 25 Ventôse an XI.

ARTICLE SOIXANTE-QUINZE

Aussitôt la réception de la demande, le Président en adresse une copie au Syndic et au Rapporteur, et en donne avis aux autres Notaires en exercice et aux Notaires honoraires de l'arrondissement, ainsi qu'aux Notaires étrangers au ressort chez lesquels l'Aspirant a travaillé, avec invitation de transmettre au Rapporteur, dans un bref délai, les renseignements à leur connaissance sur la moralité et la capacité de l'Aspirant.

Le Rapporteur doit en outre prendre les mêmes renseignements auprès des Syndics des Chambres des Notaires et auprès des Autorités dans les divers lieux habités par l'Aspirant depuis le commencement de son stage.

ARTICLE SOIXANTE-SEIZE

Dans la quinzaine de la réception de la demande, le Président réunit la Chambre.

L'Aspirant, convoqué à cette Séance, y sera présenté par le Notaire démissionnaire ou à son défaut par le plus ancien Notaire du canton où il doit exercer.

ARTICLE SOIXANTE-DIX-SEPT

La Chambre, après avoir entendu le Rapporteur et les conclusions du Syndic, délibère sur la demande.

Elle apprécie les conditions du traité et les diverses garanties que présente l'Aspirant pour exercer dignement les fonctions de Notaire.

Et elle se livre à toutes les informations propres à établir sa conviction sur la valeur de l'Etude.

ARTICLE SOIXANTE-DIX-HUIT

Si la Chambre estime qu'il n'y a pas lieu d'agréer les conditions du traité ou d'accorder un certificat de moralité, le Candidat en est prévenu. Il est alors libre de retirer sa demande. S'il y persiste, l'examen ne peut lui être refusé.

ARTICLE SOIXANTE-DIX-NEUF

L'examen consiste d'abord dans une série de questions dont le programme est arrêté par la Chambre et qui se rapportent tant à la loi du 25 Ventôse an XI qu'aux différents Codes et à la jurisprudence du Notariat.

Chacun des Membres de la Chambre peut en outre, lorsque la série des questions est épuisée, proposer au Candidat de nouvelles questions que ses réponses peuvent faire naître comme développement de celles déjà posées.

Les questions sont toutes présentées par le Président.

L'Aspirant est tenu d'y répondre de vive voix séance tenante.

Après cette première partie de l'examen, le Président remet à l'Aspirant le programme d'un acte qu'il doit rédiger sans désemparer. La Séance est suspendue pendant le temps nécessaire à la rédaction de l'acte.

ARTICLE QUATRE-VINGT

A la reprise de la Séance, l'Aspirant remet au Président l'acte qu'il a rédigé, puis il se retire.

La Chambre délibère ensuite sur la capacité de l'Aspirant ; elle émet l'avis de lui délivrer ou de lui refuser le certificat de moralité et de capacité voulu par la loi et transmet immédiatement à Monsieur le Procureur de la République, par l'intermédiaire du Secrétaire, une expédition de sa délibération.

ARTICLE QUATRE-VINGT-UN

Lorsque Monsieur le Procureur de la République a émis un avis favorable à la délivrance du certificat de moralité et de capacité dont il s'agit, la Chambre se réunit de nouveau et délivre ce certificat dans les termes mêmes de sa délibération ; une expédition de cette délibération est transmise immédiatement à Monsieur le Procureur de la République.

§ 3

Devoirs des Notaires nouvellement reçus

ARTICLE QUATRE-VINGT-DEUX

Aussitôt qu'un Aspirant a obtenu sa nomination aux fonctions de Notaire, il en donne avis au Président de la Chambre.

Après sa prestation de serment, il en informe tous les Notaires en exercice et tous les Notaires honoraires du ressort.

ARTICLE QUATRE-VINGT-TROIS

Chaque Notaire nouvellement reçu dépose au Secrétariat de la Chambre, dans le mois de son entrée en fonctions :

1° Une copie collationnée de sa prestation de serment ;

2° Son adhésion au Règlement ;

3° La liste des Notaires ses prédécesseurs dont il possède les minutes.

Il dépose dans les six mois un des doubles de l'inventaire qui doit être dressé entre son prédécesseur et lui des minutes et répertoirés de son Étude.

Enfin, il verse entre les mains du Trésorier de la Chambre les deux cent cinquante francs dont il est parlé en l'article 66 ci-dessus.

ARTICLE QUATRE-VINGT-QUATRE

Chaque Notaire nouvellement élu est tenu de remettre à la Chambre le sceau dont s'est servi son prédécesseur. Il fera cette remise entre les mains et sur le récépissé du Secrétaire, dans les trois mois du jour de sa prestation de serment.

CHAPITRE CINQUIÈME

Des Notaires honoraires

ARTICLE QUATRE-VINGT-CINQ

Le titre de Notaire honoraire est demandé par la Chambre de discipline dans les termes de l'article 29 de l'Ordonnance précitée.

La proposition ne pourra avoir lieu que six mois après la cessation des fonctions du Notaire en faveur duquel ce titre sera sollicité.

La délibération est prise au scrutin secret; le nombre des votes n'est pas constaté au procès-verbal.

ARTICLE QUATRE-VINGT-SIX

Les Notaires honoraires assisteront aux Assemblées générales quand bon leur semblera; ils y auront voix consultative.

Il leur sera réservé une place d'honneur à la droite du Bureau.

Ils auront droit au jeton de présence.

Enfin ils se trouveront compris de droit dans les invitations qui seront faites à la Corporation des Notaires, à laquelle ils pourront se réunir dans les cérémonies publiques et autres.

ARTICLE QUATRE-VINGT-SEPT

Les Notaires honoraires sont justiciables de la Chambre de discipline.

ARTICLE QUATRE-VINGT-HUIT

S'il arrivait qu'un Notaire honoraire déméritât du titre qui lui a été conféré, la Chambre de discipline provoquerait contre lui, près de l'autorité compétente, le retrait de ce titre.

CHAPITRE SIXIÈME

Dispositions générales

ARTICLE QUATRE-VINGT-NEUF

Le présent Règlement sera exécutoire pour tous les Notaires de l'Arrondissement, à partir du jour de son approbation par Monsieur le Garde des Sceaux.

Il sera transcrit en entier sur le registre des délibérations, imprimé et distribué à tous les Notaires en exercice et aux Notaires honoraires.

ARTICLE QUATRE-VINGT-DIX

Les Notaires ne pourront se prévaloir de la volonté contraire des parties pour se soustraire à l'exécution du présent Règlement.

Cette exécution est confiée à la vigilance de la Chambre ; à cet effet, tous pouvoirs et autorisations sont donnés à chacun de ses Membres et spécialement au Syndic pour rechercher et poursuivre toute contravention qui pourrait y être faite.

ARTICLE QUATRE-VINGT-ONZE

Toutes omissions ou violations directes ou indirectes des règles et principes adoptés par le présent Règlement pourront, suivant la gravité des cas, donner lieu à l'application des peines disciplinaires.

En cas de contravention aux règles sur la conservation des minutes, sur le concours ou sur leur résidence, la Chambre pourra donner son avis sur la restitution et le paiement envers les Notaires lésés, de tout ou partie des honoraires perçus ou retenus indûment.

ARTICLE QUATRE-VINGT-DOUZE

Tous Règlements antérieurs qui régissaient la Compagnie des Notaires de l'Arrondissement de Compiègne demeurent abrogés.

www.ingramcontent.com/pod-product-compliance
Lightning Source LLC
LaVergne TN
LVHW020448060726
842525LV00005B/1606